"C++ PUBLIÉ : UN GUIDE D'EXPERT SUR LA PUISSANCE DE LA PROGRAMMATION"

Contenu

3

4

Avant

C++ est un langage de programmation puissant avec une histoire riche et des applications diverses, ce qui en fait une ressource importante pour les concepteurs en herbe et expérimentés. Que diriez-vous d'approfondir ce qu'est le C++, d'explorer ses racines authentiques et de découvrir les motivations convaincantes derrière la mise en œuvre de ce langage adaptable ?

Qu'est-ce que le C++ ?

C++ est un langage de programmation utilitaire général créé comme une extension du langage de programmation C. Réalisé par Bjarne Stroustrup au milieu des années 1980, le C++

consolide les points forts du C tout en présentant des capacités de programmation liées aux objets. Le nom « C++ » reflète sa nature continue, « ++ » représentant l'évolution du langage.

Une brève histoire du C++

C++ offre une excursion fascinante et testable. Ses points de départ remontent à la volonté d'améliorer le langage C, notamment en prenant en charge la programmation orientée objet. Les travaux de Stroustrup sur le C++ ont commencé à la fin des années 1970, alors qu'il travaillait aux Ringer Labs. L'introduction officielle la plus importante du C++ a eu lieu en 1985 avec la publication de The C++ Programming Language, un livre écrit par Stroustrup qui a servi à la fois d'exercice pédagogique et de guide de référence pour le langage.

Au fil du temps, le C++ a fait l'objet de diverses directives et mises à jour, notamment les normes C++98, C++11, C++14, C++17 et C++20. Chacun a présenté de nouveaux points forts et mises à niveau qui rendent le C++ plus adaptable, sécurisé et efficace.

Pourquoi apprendre le C++ ?
Il existe quelques raisons impérieuses d'apprendre le C++ :

Performance : Le C++ se caractérise par son efficacité. Il permet un contrôle de la mémoire de bas niveau, ce qui en fait une option populaire pour les applications où la vitesse est critique, telles que. B. Événements de jeu , cadres d'exécution et programmation avec escalade des actifs.

Polyvalence : le C++ ne se limite pas à un domaine spécifique. Vous pouvez l'utiliser pour de nombreuses applications, de la programmation d'espace de travail aux frameworks intégrés et, étonnamment, également pour l'enregistrement logique de l'exécution.

Programmation orientée objet : C++ fournit une prise en charge complète de la programmation orientée objet, permettant aux concepteurs de créer du code concret, exploitable et réutilisable.

Heritage Code : de nombreuses bases de codes et bibliothèques existantes sont écrites en C++. L'apprentissage de la langue peut être fondamental pour suivre et élargir ces cadres.

Portes ouvertes de carrière : La connaissance du C++ ouvre la voie à un certain nombre de postes ouverts. De nombreuses entreprises recherchent des ingénieurs C++, allant jusqu'à obtenir des salaires exceptionnels et des opportunités d'emploi sécurisées.

Ressources d'apprentissage : Avec de nombreux livres, tutoriels et réseaux en ligne dédiés au C++, il est très populaire et ouvert à l'acquisition de la maîtrise du langage.

Dans l'ensemble, C++ est un langage de programmation flexible et puissant avec une histoire riche. L'apprentissage du C++ peut fondamentalement développer vos compétences en programmation et vous ouvrir à une variété de carrières, ce qui en fait une ressource importante pour les ingénieurs débutants et expérimentés.

Dans tous les cas, créer un climat de développement pour l'écriture de programmes informatiques en C++ est une étape fondamentale pour tout ingénieur en herbe. En tant qu'essayiste et écrivain, il est important de fournir à vos lecteurs des informations claires et concises. Nous devrions approfondir les subtilités de la mise en place d'un environnement d'amélioration C++.

Présentation d'un compilateur C++ :

Avant de pouvoir commencer à écrire du code C++, vous avez besoin d'un compilateur C++. Voici quelques options célèbres :

GCC (GNU Compiler Collection) : ce compilateur open source est largement utilisé et disponible à différents niveaux. Vous pouvez l'installer sur Linux, macOS ou Windows à l'aide d'outils comme MinGW ou Cygwin.

Visual C++ (Visual Studio) : Si vous utilisez Windows, Visual C++ est une solution puissante et facile à utiliser. Vous pouvez télécharger et installer Visual Studio, qui inclut les outils de développement C++.

Écrivez votre premier programme « Salut, Monde ! » :

Depuis que vous avez introduit un compilateur C++, nous devrions écrire un simple « Salut, Monde ! » Programme. Cet exemple de programme est un excellent niveau d'entrée pour les débutants. En C++, cela ressemble à ceci :

RPC

Code en double

```
#incorporate < iostream >

int fondamental() {
    std :: cout << « Bonjour tout le monde ! » << std :: endl ;
    renvoie 0 ;
}
```

Voici une répartition du code :

#incorporate < iostream > : Cette ligne contient la bibliothèque standard info/yield qui vous permet de travailler avec des flux d'informations et de résultats.

int fondamental() { ... } : C'est ici que votre programme commence à s'exécuter.

std :: cout << "Hello, World!" << std :: endl ;: Cette ligne renvoie "Salut, World!" au centre de contrôle.

ramener 0 ; : Cette ligne démontre une exécution efficace du programme.

Collecte et exécution de projets C++ :

Après avoir créé votre code, vous devez le collecter et l'exécuter :

Ouvrez un terminal ou une confirmation de commande.

Parcourez le registre où votre entrée C++ est stockée.

Associez votre programme au compilateur. Par exemple, avec GCC, vous utiliserez l'ordre suivant :

Code en double

g ++ votre_programme.cpp - o votre_programme

Remplacez your_program.cpp par le nom de votre ensemble de données source C++.

Exécutez votre programme ordonné :

grève

Code en double

./ votre_programme .

Facteurs et types d'informations :

En C++, les facteurs sont utilisés pour stocker et contrôler les informations. Chaque variable possède un type d'information qui caractérise le type d'informations qu'elle peut contenir. Les types d'informations normaux en C++ incluent :

int : Utilisé pour stocker des qualités entières.

double : Utilisé pour les nombres décimaux dérivés (qualités décimales).

char : Utilisé pour les caractères individuels.

bool : Utilisé pour les qualités booléennes (valides ou fausses).

string : utilisé pour stocker du texte sous forme de regroupement de caractères.

Vous pouvez proclamer une variable comme ceci :

RPC

Code en double

Âge total = 25 ;

double = 19,99 ;

Niveau de combustion = « A » ;

bouffon estÉtudiant = valide ;

de chaîne = « Jean » ;

Infos et résultat (cin et cout) :

C++ utilise cin pour l'entrée et cout pour la sortie. Ceux-ci sont essentiels pour la bibliothèque standard d'informations/de rendement.

Pour accepter les commentaires du client, vous pouvez utiliser cin comme suit :

RPC

Code en double

int num ;

cout << "Entrez un numéro : ";

cin >> num ;

Pour afficher le rendement, vous pouvez utiliser cout comme ceci :

RPC

Code en double

```
int = 42 ;

cout << "Le résultat est : " << result
<< endl ;
```

Notez que << est utilisé pour intégrer des informations dans le flux de résultats.

Remarques et organisation :

Les annotations en C++ sont utilisées pour fournir des explications dans le code. Il existe deux types de remarques :

Commentaires sur une seule ligne : ils commencent par //et et sont utilisés pour de courtes explications.

RPC

Code en double

// Il s'agit d'un commentaire sur une seule ligne.

Commentaires multilignes : ils sont placés entre /* et */ et conviennent aux explications plus longues ou aux commentaires de blocs de code.

RPC

Code en double

/*

Il s'agit d'un commentaire sur plusieurs lignes.

Il peut traverser différentes lignes.

*/

Une disposition et un espace appropriés du code rendront votre code plus clair. C'est une bonne pratique d'organiser tout le code de manière fiable.

Par exemple, voici un morceau de code C++ très bien organisé :

RPC

Code en double

```
#incorporate < iostream >


int Primaire() {
// C'est la capacité principale.
   entier x = 10 ;
   si (x > 5) {
      cout  <<  «  x  est  plus remarquable que 5. » << endl ;
}
   renvoie 0 ;
}
```

Ce sont les bases de la structure des phrases C++ liées aux facteurs, aux types d'informations, aux entrées/résultats et aux commentaires. Ce sont les éléments structurels permettant de créer des programmes C++ plus déroutants.

Pièces à conviction et vecteurs : une enquête

Les expositions et les vecteurs sont des structures d'information centrales dans le domaine de la programmation. En tant qu'essayiste et écrivain, vous connaissez probablement l'importance de clarifications claires. Par conséquent, nous devrions approfondir les subtilités de ces deux structures d'information et mettre en évidence leurs différences et leurs cas d'utilisation.

Tableaux :

Les expositions sont peut-être les structures de date les plus simples en C++ et dans de nombreux autres dialectes de programmation. Il s'agit de collections de composants qui possèdent tous le même type d'informations et sont stockés dans des zones de mémoire adjacentes. Voici quelques parties importantes des expositions :

Taille fixe : les clusters ont une taille raisonnable et ne sont pas entièrement fixes au moment de la facturation. Cela signifie que vous souhaitez absolument savoir à l'avance combien de composants vous allez stocker.

Stockage Le tableau : les expositions nécessitent un stockage manuel de la part des dirigeants. Vous souhaitez leur allouer de la mémoire, et si vous souhaitez redimensionner un cluster, vous devez périodiquement en créer un autre et dupliquer des composants.

Accès rapide : les expositions fournissent un accès à temps fixe aux composants via leurs fichiers, ce qui les rend compétents pour la récupération.

Vecteurs C++ :
Les vecteurs, quant à eux, constituent une structure

d'informations puissante, semblable à une représentation, fournie par la bibliothèque de formats standard (STL) C++. Ils offrent une plus grande personnalisation par rapport aux expositions :

Mesure dynamique : les vecteurs peuvent s'étendre ou se rétrécir. Vous pouvez ajouter ou supprimer des composants sans avoir à vous soucier de la surveillance du stockage.

Mémoire programmée Les exécutifs : les vecteurs gèrent l'allocation et la désallocation de mémoire de manière cohérente, ce qui les rend plus faciles à comprendre.

Activités efficaces : les vecteurs fournissent diverses fonctionnalités pour des activités telles que l'ajout, la suppression et la recherche de composants susceptibles d'améliorer votre code.

Exposition versus vecteur :
Et si nous analysions maintenant les objets exposés et les vecteurs sous différents angles :

Taille : les clusters sont de taille décente, tandis que la taille des vecteurs peut changer au cas par cas.

Stockage Le tableau : les expositions nécessitent un stockage manuel de la part des dirigeants, bien que les vecteurs gèrent cela de manière cohérente.

Accès : les clusters permettent un accès rapide aux composants, mais les vecteurs ne sont pas intrinsèquement plus lents de cette manière.

Commodité : travailler avec des vecteurs est généralement plus facile en raison de leur nature dynamique et de leurs capacités implicites.

Cas d'utilisation : utilisez des clusters lorsque vous connaissez la taille à l'avance et que vous avez besoin de la plus grande exécution possible. Les vecteurs sont plus adaptés aux situations où la taille peut changer et où vous avez besoin de plus de commodité.

Plans de contrôle en C++ :

Les structures de contrôle sont essentielles pour gérer le développement d'un programme. En C++, vous avez deux ou trois options :

Verbalisations contingentes :

In -Case : Elle vous permet d'exécuter un bloc de code lorsqu'une certaine condition est remplie. Vous pouvez également utiliser else pour découvrir ce qui devrait se passer si vous tolérez que la condition soit fausse .

Verbalisation du changement : Elle est utilisée pour les titres libres de plusieurs pages, prenant en compte le sens d'une articulation. Ceci est utile lorsque vous devez considérer différents cas.

Boucles :

Pour Cycle : Utilisé pour répéter sur un certain degré de valeurs avec une variable de cycle qui augmente ou diminue à chaque cycle.

Pendant le cercle : ce cercle se produit jusqu'à une certaine condition. Il est utilisé dans les situations où la concentration est problématique.

Cercle d'exécution : comme un cercle temporel, mais garantit que le corps du cercle est exécuté environ une fois car la condition est vérifiée après le corps du cercle.

Faites une pause et continuez les verbalisations :

Une pause est utilisée pour sortir précipitamment d'un cercle, souvent dans une situation précise.

Continuer est utilisé pour contourner la supplémentation continue et démarrer le cycle complet.

Capacités en C++ :

Les limites sont des blocs de code qui exécutent un projet spécifique et jouent un rôle fondamental dans la programmation ségréguée.

Limites d'affichage et d'appel :

Pour représenter une limite en C++, incluez son nom, son type de retour et ses limites. Par exemple : int ajouter(int a, int b) { return a + b; }

Pour invoquer une limite, vous utilisez essentiellement son nom et fournissez les principaux arguments : int result = add(3, 5);

Limites de capacité et valeurs de retour :

Les limites peuvent percevoir les limites (valeurs d'entrée) et renvoyer des valeurs (valeurs de sortie). En principe , vous pouvez cartographier des capacités sans restrictions ni compensation.

Surcharge de capacité :

C++ vous permet de représenter différentes limites avec des noms presque identiques sans qu'elles soient des limites inhabituelles. Cela conduit à une capacité excessivement alarmante. Ce sont des domaines solides importants pour créer un code plus compréhensible et plus flexible.

Programmation orientée objet en C++

La programmation orientée objet (POO) est une vision du monde de programmation solide utilisée en C++ et dans de nombreux autres dialectes de programmation modernes. Il vous permet de planifier votre produit à l'aide d'objets qui sont des occurrences de classes. Ici, je vais aborder quelques idées importantes en POO en utilisant C++ :

Classes et objets :

En C++, une classe est un aperçu pour créer des objets. Il caractérise les propriétés (personnes d'information) et les comportements (sous-œuvres) qu'auront les objets de cette classe. Par exemple, si vous faites d' une bibliothèque votre cadre de leadership , vous pouvez mettre en place un cours « livre » avec des crédits comme le titre, l'auteur et l'ISBN, ainsi que des comportements comme regarder et redonner.

Constructeurs et destructeurs :

Les designers sont des sous-œuvres exceptionnelles appelées à réaliser un objet. Ils sont utilisés pour présenter les sujets d'information de l'article. Les destructeurs, quant à eux, sont utilisés pour nettoyer les ressources et sont appelés lorsqu'un élément est supprimé. Les constructeurs et les destructeurs sont fondamentaux pour les éléments légitimes des dirigeants.

Sous-travaux et informateurs :

Les sous-travaux sont les techniques ou les compétences qui sont caractérisées au sein d'une classe. Ils modifient les informations des participants et peuvent être utilisés pour modifier ou restaurer l'état de l'élément. Les informateurs, quant à eux, sont des facteurs qui stockent l'état et les propriétés de l'objet.

Exemple et contrôle d'accès :
L'illustration est une politique centrale de la POO et implique de

combiner les informations (crédits) et les stratégies (sous-travaux) qui travaillent sur l'information en une seule unité, c'est-à-dire une classe. Les systèmes de contrôle d'accès tels que public, privé et protégé en C++ vous permettent de contrôler la manière dont les informations peuvent être consultées par des individus et des parties de celles-ci depuis l'extérieur de la classe.

Public : les informations sur les personnes et les compétences considérées comme ouvertes sont disponibles en dehors de la classe.

Privé : les informations et fonctions déclarées comme privées ne sont disponibles que dans la classe réelle.

Protégé : Protégé est comme privé, mais permet d'accéder à certains cours.

En C++, vous utilisez souvent la zone publique pour les sous-travaux que vous souhaitez rendre accessibles au reste du monde, tandis que les disques sont souvent conservés dans la zone cachée pour les incarner.

Dans l'ensemble, la programmation basée sur les éléments en C++ est une méthode puissante pour représenter des substances réelles et leurs relations dans la programmation. En caractérisant les classes, les éléments, les constructeurs et en utilisant des composants de contrôle d'accès, vous pouvez créer un code très organisé et utilisable, ce qui est essentiel pour un écrivain et un développeur comme vous dans la gestion de cadres de programmation complexes.

Acquisition à partir des classes de base :

L'héritage est une idée centrale de la programmation orientée objet. Il vous permet de créer de nouvelles classes qui dépendent des classes existantes. La classe dont on hérite est appelée « classe de base » ou « classe parent », et la nouvelle classe est appelée « classe décidée » ou « classe enfant ».

Legacy vous permet de réutiliser les propriétés et techniques de la classe de base dans la classe spécifique. Cela améliore la réutilisabilité du code et permet d'ordonner les classes avec des propriétés communes. Par exemple, vous pouvez avoir une classe de base appelée « Véhicule », puis l'utiliser pour déterminer des types de véhicules explicites tels que « Véhicule » et « Vélo ».

Compétences virtuelles :
Les capacités virtuelles sont un élément fondamental du polymorphisme dans la

programmation orientée objet. Une capacité virtuelle est une capacité importante dans la classe de base et remplacée dans la classe spécifique. Lorsqu'un pointeur de classe de base se concentre sur un membre de classe spécifique et que vous appelez une fonction virtuelle, la variante de classe dérivée de cette fonction est exécutée.

En tirant parti des fonctions virtuelles, vous pouvez créer un code plus conventionnel pouvant fonctionner avec différents types d'éléments de manière polymorphe. Par exemple, vous pouvez avoir une classe de base « Forme » avec la fonction virtuelle « Calculer la zone », puis diverses classes dérivées telles que « Cercle » et « Forme carrée » peuvent fournir leurs propres implémentations de cette fonction.

Polymorphisme et restriction dynamique :

Le polymorphisme est une idée influente qui permet de considérer les objets de certaines classes comme des objets de leur classe de base. Ceci est réalisé grâce à une contrainte unique où la décision concernant la fonction à appeler est prise au moment de l'exécution en fonction du type d'élément d'origine. Il permet d'écrire du code qui s'adapte à différents types d'éléments sans connaître leur nature exacte.

Par exemple, si vous avez un aperçu de différentes formes (cercles, formes carrées, etc.) , vous pouvez appeler la fonction Calculer la surface pour chaque forme sans avoir à vous soucier du type spécifique de forme. En raison du polymorphisme et de la restriction dynamique, la variante correcte de la capacité est invoquée pour chaque élément.

Dans l'ensemble, les capacités héritées, virtuelles et le polymorphisme de contraintes dynamiques sont des idées essentielles dans la programmation orientée objet. Ils vous permettent de définir des ordres hiérarchiques pour les classes , de réutiliser le code et de créer un code plus polyvalent et conventionnel qui fonctionne avec différents types d'éléments. Ces idées sont des outils essentiels pour tout développeur, et bien les comprendre peut grandement améliorer vos compétences en tant qu'écrivain et distributeur dans le domaine du développement et de l'innovation de logiciels.

Exception pour :

La gestion des exceptions est un élément central de la programmation, en particulier dans des dialectes tels que Java, C++ et Python. Cela vous permet de résoudre rapidement les erreurs d'exécution qui peuvent survenir lors de l'exécution de votre code.

Essayez, attrapez et lancez des proclamations :

Dans la plupart des dialectes de programmation, vous pouvez utiliser les déclarations try, catch et throw pour surveiller avec succès des cas particuliers. Voici comment ils fonctionnent :

Try : vous placez le code qui pourrait déclencher un cas particulier dans un bloc try. Dans cet esprit, conseillez au programme de faire un effort pour exécuter ce code, mais soyez prêt à d'éventuelles exceptions.

Catch : après le bloc d'essai, insérez au moins un bloc catch. Chaque bloc catch est associé à un type spécifique d'exception. En supposant qu'un cas particulier de ce type soit déclenché lors de l'exécution du bloc try, le code du bloc get comparatif est exécuté.

Lancer : De temps en temps, vous devriez déclencher physiquement un cas particulier. Pour cette raison, vous pouvez inclure la déclaration de portée. Vous pouvez ajouter des exceptions gérées ou créer des classes d'exceptions personnalisées pour tenir compte des conditions d'erreur explicites.

Classes d'exemptions personnalisées :

Les classes d'exceptions personnalisées sont très utiles lorsque vous devez gérer des situations d'erreur explicites dans votre code. Ces classes sont généralement obtenues à partir de la classe d'exception de base de votre langage de programmation. En créant des classes de cas spéciaux personnalisées, vous pouvez fournir des données plus détaillées sur ce qui n'a pas fonctionné et créer des messages d'erreur plus significatifs. Cela peut être extrêmement utile lors de l'examen et de l'analyse de votre code .

E/S de documents :

Les informations/résultats du document (E/S) sont un facteur essentiel dans l'avancement de la programmation, vous permettant de rechercher et d'écrire des enregistrements. Il est couramment utilisé pour des tâches telles que le stockage d'informations, les documents de conception et le traitement de l'information.

Révision et rédaction des enregistrements :

Lecture de documents : pour lire un document, vous ouvrez généralement le document en mode lecture, lisez le contenu, puis fermez le document. Vous pouvez lire les informations ligne par ligne ou dans leur intégralité, selon vos besoins. Dans des dialectes comme Python, vous pouvez utiliser la fonction open( ) pour ouvrir des documents et lire leurs éléments.

Écriture dans des enregistrements : l'écriture dans des documents implique l'ouverture d'un enregistrement en mode composition, la composition des informations à enregistrer, puis la fermeture de l'enregistrement. Vous pouvez compiler les informations une par une ou écraser le contenu existant.

Prise en charge des flux de documents :

Les E/S sur les ensembles de données sont souvent qualifiées de « basées sur des flux » car elles impliquent une navigation ou une compilation continue d'informations. Vous travaillez avec des flux de documents, qui sont comme des pipelines d'informations entre votre programme et l'ensemble de données. Les tâches basées sur les flux prennent en compte le traitement compétent des documents et informations volumineux.

Dépannage des E/S de documents :

Comme pour d'autres codes, il est important de traiter des cas particuliers lors de la gestion des E/S de documents. Les cas particuliers courants dans ce paramètre incluent les documents introuvables, les problèmes d'autorisation et les erreurs de conception d'enregistrement. En utilisant les blocs try mentionnés précédemment, vous pouvez facilement contourner ces exceptions, fournir des messages d'erreur perspicaces et vous assurer que votre programme ne plante pas lorsque des problèmes liés au document surviennent.

- Âge de la pensée : commencez par conceptualiser les pensées du projet. En tant qu'essayiste et éditeur, vos projets peuvent couvrir une variété de sujets, des livres et articles au contenu numérique ou même aux occasions. Pensez à ce qui vous motive et à ce qui pourrait intéresser votre public.

- Recherche : lorsque vous avez une idée, la recherche est cruciale. Allez droit au but, collectez des données et comprenez parfaitement votre sujet. Cela rehaussera non seulement le caractère de votre entreprise, mais la rendra également exceptionnelle.

- Planification : concevez votre tâche. Pour un livre, cela signifie créer un cadre section par section. Pour d'autres efforts, cela peut inclure l'organisation de votre contenu ou l'organisation des subtilités de l'occasion. Un plan très bien organisé vous gardera sur la bonne voie.

- Rédaction et création de contenu : en tant qu'essayiste, c'est votre principale force. Assemblez votre matériel ou assemblez-le selon les besoins de l'entreprise. Assurez-vous de maintenir un ton prévisible et engageant qui trouvera un écho auprès de votre groupe d'intérêt idéal.

- Modifier et éditer : n'oubliez pas l'importance de la modification et de l'édition. Assurez-vous que votre travail est sans erreur, se déroule correctement et répond à vos directives de qualité. S'il s'agit d'une entreprise de grande envergure, vous devrez peut-être envisager une modification professionnelle.

- Planification et conception : selon l'idée derrière votre projet, la planification et la conception peuvent être urgentes. Pour les livres, cela inclut le plan de couverture et l'aménagement intérieur. Pour le contenu avancé, il peut inclure une architecture Web ou des composants réalistes.

- Distribuer et disperser : C'est là que votre travail de distributeur devient un facteur essentiel. Choisissez comment et où vous souhaitez distribuer votre entreprise. Sera-ce via un distributeur traditionnel, des publications indépendantes ou des plateformes en ligne ? Envisagez les options imprimées et informatisées.

- Présentation et développement : avancez réellement dans votre tâche. Cela inclut la création d'un plan de présentation, l'exploitation du divertissement virtuel, la mise en place d'une scène d'auteur et peut-être l'organisation d'expositions de livres ou d'événements spéciaux.

- Critique et cycle : soyez ouvert aux critiques de votre public. Utilisez cette entrée pour mettre en évidence et travailler sur vos tâches futures.

- Utiliser le temps de manière productive : une utilisation réussie du temps est cruciale. Fixez des heures d'interdiction, créez un calendrier et respectez-le pour garantir que votre entreprise ne stagne pas.

- Considérations légitimes : en fonction de votre tâche, vous devrez peut-être réfléchir aux droits d'auteur, aux contrats ou à d'autres questions juridiques. Parlez à un maître légitime si nécessaire.

- Préparation financière : Réfléchissez au plan financier de votre entreprise. Assurez-vous d'avoir mis en place un arrangement financier clair pour couvrir les coûts et potentiellement générer des revenus.